अकथित

कविता, एहसास और खामोशी

सुमन राम

BookLeaf Publishing
India | USA | UK

Made with ❤ on the BookLeaf Publishing Platform
www.bookleafpub.in
www.bookleafpub.com

Dedication

हम सभी के भीतर की अनसुनी गूँजों के लिए -
वे भावनाएँ जिन्हें हम व्यक्त नहीं कर पाते,
लेकिन जो कभी भी गूंजना बंद नहीं करतीं।

To the unheard echoes within all of us –
The feelings we fail to express,
but that never stop resonating.

Preface

«अकथित» – यह संकलन उन क्षणों से जन्मा है जो समय में थमे हुए, भाषा और मौन के बीच अटके हुए अहसास हैं। «अकथित» का अर्थ है– "बयान से परे।" वे भावनाएँ, यादें, या चाहते हुए जो शब्दों में समा न सकी हों। इन कविताओं के जरिए मैंने उसी अकथनीय को अपने भीतर पाला है—बूँद जैसी चंचल यादें, बयान से परे दर्द, वर्णन से परे आनंद।

हर कविता एक फुसफुसाहट है और एक पुकार भी। इनका लेखन मैंने प्रातः की शांति में, सांझ की मूकता में, मध्यरात्रि की तनहाई में किया है। यह जाल उस संसार का दर्पण है जिसमें मैं रहती हूँ—एक पैर परंपरा में, दूसरा विस्तृत आकाश की ओर बढ़ता हुआ।

यह एक मार्गदर्शन नहीं, बल्कि एक निमंत्रण है: धीरे पढ़िए, गहराई से महसूस कीजिए, और हर पंक्ति में अपनी अनसुनी कहानी का प्रतिध्वनित होने दीजिए।

Acknowledgements

उन सभी लोगों के प्रति आभार, जिन्होंने मेरे भीतर विचारों, शब्दों और साहस के बीज बोए:

- मेरा परिवार, जिन्होंने अटूट विश्वास दिया और रचना के लिए शांत स्थान प्रदान किया।
- मेरे मित्र और मार्गदर्शक– जिनकी ईमानदार प्रतिक्रिया ने इन पन्नों को आकार दिया।
- हर उस कवि और पाठक को धन्यवाद, जिन्होंने कभी अधिक या कम महसूस किया हो और फिर भी अपने विचारों को व्यक्त करने की पहल की–आपकी मौजूदगी इस संकलन की आत्मा है।

मैंने भी शिव को पाया है

कहते हैं, शिव को पाने को
योग-साधना करते हैं,
एक जीवन में तप करके
सौ जीवन की यात्रा करते हैं।

जिसकी भक्ति के रूप कई,
वो ख़ुद ही सब में समाया है –
बिना योग और तप के ही
मैंने भी शिव को पाया है।

जो है अनंत, ना सीमाबद्ध,
वो सांसारी-संन्यासी है;
जिसके आगे सब हैं अचल,
और गंगा भी खुद प्यासी है।

जो मिले केवल जल से ही,
और छल में जिसको बैर है –
वो करुणामयी है, रौद्र भी,
उसमें तांडव है और धैर्य भी।

बिल्वपत्र में त्रिनेत्र,
चरणों में विश्व समाया है –
बिना योग और तप के ही
मैंने भी शिव को पाया है।

सिर पर जिनके है चंद्र सजा,
गले में सर्प की माला है,
विष को पी गए वो अमृत-सा,
ख़ुद काल का रूप सम्हाला है।

वो है इस जग के कण कण में
प्रखर शूल, मन संतुलित
वो शिव जी मुझसे बसते हैं
है दिव्य छटा, और तेज़ अतुलित |

शंभू शंकर अंतर्यामी,
है त्रिपुरारी मेरे स्वामी।
कभी नभ-से है वह विशाल,
तो कंकड़-सा सूक्ष्म कभी।

जो सुंदरता की मूरत है,
वो ही सत्य है इस जग का।
उस एक लिंग की सेवा में,
सुख है सारे त्रिभुवन का।

शिव तो खुद ही उन सबके हैं
जिसने भी पाना चाहा है –

बिना योग और तप के ही
मैंने भी शिव को पाया है।

चाहतों से परे

चाह सकती हूँ मैं उसे चाहतों से भी परे—
वो कम्बक्खत एक बार खुद के लुटने का इशारा तो करे।

समेट कर रख सकती हूँ सारी खुशियाँ मैं उसकी खातिर,
जो वो मुझपे, मेरे "मुझ जैसा" होने पर मरे।

उसे पाने के लिए आँसुओं का सौदा भी मंज़ूर होगा मुझे,
अगर वो तमाम बंदिशों को तोड़कर, मुझे अपनी बाहों में भरे।

जिसकी बे-दिली पे भी दिल आया हो,
और बे-रुख़ी जान भी ले ले—
सुध-बुध ही गँवा बैठूँ मैं ,
गर वो दिल को दिल समझे और दर्द की दवा भी करे।

चाह सकती हूँ मैं उसे चाहतों से भी परे—
वो कम्बक्खत एक बार खुद के लुटने का इशारा तो करे...

वो आख़िरी पल...

वो आख़िरी पल बहुत अहम् था,
कैसे मान लूँ कि वो एक वहम था...

वो आख़िरी पल...
जिसमें जाते-जाते रुके थे तुम और मुड़ के देखा था मुझे,
जब यूँ ही बढ़ चले थे तुम्हारे कदम मेरी ओर।

वो आख़िरी पल...
जिसमें भरा था तुमने मुझे अपनी बाहों में, कुछ इस तरह कि
"छूट न जाऊँ कहीं इस सफर में।"
जब तुम्हारी नज़रें मेरे चेहरे पर थीं...

वो आख़िरी पल...
जिसमें भूल जाना चाहते थे सारी मजबूरियाँ,
और परे रख देना चाहते थे अपनी बेबसी को,
जब वक्त से कुछ लम्हे चुराना चाहते थे अपने लिए,
बिना मुझे बताये,
बिना मुझे जताये,
कि दर्द में तुम भी हो...

वो आख़िरी पल...
जिस पल ने मुझे कुछ और ज़्यादा तुम्हारा बना दिया था,
जब देख लेना चाहते थे जीभर के मुझे...

वो आख़िरी पल...
जिस पल में शब्दकोश ख़ाली थे और आँखें भरी हुई,
जब सारी उलझनों के बीच, सुलझाने की आस छोड़ कर,
बस मुझे खुद में कहीं रख लेना चाहते थे,
जब जाने से पहले रुक जाना चाहते थे...

वो आख़िरी पल...
जिस पल में ना तुमने कुछ कहा और न ही मैंने,
जिस पल के बाद मेरे और तुम्हारे बीच सदीयाँ आ गईं,
उस पल में वक्त का ठहरना भी ख़ुदा का एक रहम था...

वो आख़िरी पल बहुत अहम् था,
कैसे मान लूँ कि वो एक वहम था...

सफ़र

तुम से तुम तक का सफ़र तय किया है हमने...

जिया भी तुम्हें, मरे भी तुम पर,
जीता भी तुम्हें, हारे भी तुम्हीं से,
पाया भी तुम्हें, तुम्हारे पास खुद को खोकर।

कभी इस दिल की पौरियों पे
पग-पग चढ़ते देखा है तुम्हें,
तो कभी दूर उस अनंत में
मलिन-सा होता हुआ पाया है।

ऋतुओं और समय को गुज़रते हुए देखा है,
जीवन में लाख बदलाव भी आया है।
और इतने बदलाव पर भी इस दिल को,
बस तुम्हारा ही ध्यान आया है।

और यूँ ही प्रहारों तुम्हारी प्रतीक्षा में,
हमारा प्रेम और गहराया है...
क्योंकि...
तुम से तुम तक का सफ़र तय किया है हमने...

अर्थहीनता और प्रयास

अर्थहीन इस धरती पर,
अंतहीन सी पीड़ा है...
और अंतहीन संघर्षों के बीच,
अर्थहीन कई क्रीड़ा है।

जीवन की आपूर्ति श्रृंखला में,
कण-कण जोड़ सजाया है।
कुछ खोया, कुछ छिन गया,
कुछ हार-जीत से बचाया है।

समय से लड़ते-भीड़ते हुए,
आगे बढ़ने की आस है।
तर्कहीन अभ्यासों के बीच,
परिचय बनाने का एक प्रयास है।

कभी लगता – अब थक गई
इन अर्थहीन सी राहों से,
फिर भीतर कोई स्वर कहे–
"चलो, मंजिल अब पास है..."

बिखरी स्मृतियाँ, अधूरे सपने,
अब बोझ नहीं – संकेत हैं।
अब प्रश्नों का राग है,
हर पीड़ा एक संदेश है।

"मैं कौन हूँ, क्यों आई हूँ?"
मन में बस यही संवाद है,
क्योंकि तर्कहीन अभ्यासों के बीच,
परिचय बनाने का एक प्रयास है।

ख्वाब, चाहत, हसरत, मोहब्बत

एक ख्वाब ऐसा –
जिसमें तेरी मुस्कान बन जाए सुबह का सूरज,
और हर रात सिमट जाए तेरे नाम की चादर में।

एक चाहत ऐसी –
कि और किसी ख्वाहिश की फुर्सत ही न बचे,
तेरे सिवा हर रास्ता खो जाए धुंध के मेह में।

एक हसरत ऐसी –
कि मिले रूह को तसल्ली तेरी एक झलक से,
और बाक़ी सारी हसरतें दुआ बन जाएं।

एक मोहब्बत ऐसी –
जो लफ्ज़ों से नहीं, खामोशियों से बयां हो,
हर हद से आगे, सिर्फ़ तेरा नाम हो।

ये ख्वाब, ये चाहतें, ये अधूरी हसरतें,
सब तेरे नाम की माला में पिरो दी हैं मैंने।

और अब –

एक तमन्ना ये भी
कि तू न ख्वाब रहे, न फासला...
तू मुझे हकीकत की तरह मिल जाए।

मुझे स्वीकार नहीं

जो भविष्य में असंख्य निराशाओं का आधार बने,
वो एक आशा –
मुझे स्वीकार नहीं।

सपनों की वह परत,
जो रेशम लगे छूने में,
पर खोखली हो भीतर से –
उसकी लालसा नहीं मुझमें।

जो वादे शब्दों में पलते हों,
पर इरादा न हो निभाने का –
एक अधूरा ऐसा विश्वास
हिस्सा नहीं है मेरे पथ का।

प्रतीक्षा नहीं ,
उन द्वारों पर अब,
जहाँ दस्तकें सिर्फ़ बहलाने को हों,
कि खड़े वही से लौट जाये
गर न इरादा साथ आने को हों।

जो आस की दीवार
ढह जाए हर बार–
उस पर अब,
उम्मीदों की छत का रखना नहीं मुझे आधार ।

वो झूठा उजाला,
जो खड़ा हो अंधेरों की नींव पर ।
वो उजाला,
मेरे जीवन का सार नहीं।

जो भविष्य में असंख्य निराशाओं का आधार बने,
वो एक आशा –
मुझे स्वीकार नहीं।

जो तू ना मिला

"जो तू ना मिला..."
इसके आगे कभी कुछ सोचा ही नहीं,
क्योंकि तेरे बिना वाली ज़िन्दगी,
तो मैंने कभी सोची ही नहीं।
ना दिल ने इजाज़त दी,
ना रूह ने कोई ऐसी गुंजाइश छोड़ी।

क्योंकि जब तू है–
तो हर सवाल अपनी अहमियत खो बैठा,
हर रास्ता जैसे तेरी तरफ़ ही मुड़ता चला गया।
और मंज़िल?
वो तो बस तू ही है...
तेरे सिवा कुछ और चाहा ही कब है?

तेरे बिना वाली ज़िन्दगी –
कोई अधूरा ख्वाब लगती है,
जिसे आँखों ने देखने से भी इंकार कर दिया हो,

कि तू उस तूफ़ानी बारिश में
अचानक मिली एक छावनी सा है,

इतना काफ़ी कि भीगती रूह को सुकून मिल जाए।
जहां थक कर ठहर जाऊं मैं,
तेरी आड़ में खुद को थोड़ा महसूस कर सकू।

जहां पलभर को यक़ीन हुआ –
कि शायद ज़िंदगी थम सकती है,
कि शायद सुकून भी हक़ में लिखा है।

तुझे जीने से फ़ुर्सत ही नहीं मिली,
कि इसके आगे सोच पाती–
"जो तू ना मिला..."
क्योंकि तेरे बिना वाली ज़िन्दगी,
तो मैंने कभी सोची ही नहीं।

तेरा ज़िक्र

कि सिर्फ तेरे ज़िक्र पे
हमें निखारना आ गया

हुआ करती थी संगेमरमर सी मैं
अब रेत-सी भी बिखरना आ गया।

ना जाने कब तू आया,
और चुपके से दिल में समा गया,

तेरी मौजूदगी ने मुझमें कुछ यूँ रंग भरे –
कि टूटे हुए ख्वाबों को
फिर से सवरना आ गया।

तेरे ज़िक्र पे ये हाल है,
कि दिल बेख़ुदी में डूब जाता है,
साँसें ठहर जाती हैं,
आँखें नाम लेती हैं सिर्फ तेरा।

तो सोचती हूँ...
क्या होगा जो तू ही सामने आ गया?

तुम्हें पता है

तुम्हें पता है...
अब तुम्हारे जगाये बिना भी सुबह होती है,
हाँ, मगर आँख नहीं खुलती।

तुम्हें पता है...
अब तुमसे बिना डांट खाये भी मैं खा लेती हूँ,
हाँ, मगर भूख नहीं मिटती।

तुम्हें पता है...
अब तुम्हारे गोद में सिर रखे बिना भी नींद आ जाती है,
हाँ, मगर ख्वाब नहीं आते।

तुम्हें पता है...
तुम्हारे न होने पर भी ज़िंदगी तो है,
हाँ, मगर बस कट रही है।

तुम्हें पता है...
अक्सर तुमसे झगड़कर भूल जया करती हूँ मैं,
हाँ, मगर मनाने का इंतज़ार आज भी है।

तुम्हें पता है...
तुम्हारा न होना भी सही है, एक तरह से,
हाँ, मगर तुम्हारा होना ज़्यादा अच्छा था, माँ...

दूसरा बचपन

एक बचपन वो था
जब खेल थे, खिलौने थे
और थीं बेफ़िक्र बारिशें।

थीं बेशुमार आशाएँ,
उड़ने की, नाचने की,
और जल्दी बड़े होने की ख्वाहिशें।
"ये चाहिए, वो ला दो" –
और ना जाने कितनी ही फरमाइशें।

एक बचपन वो था,
जब बड़ा होना था, जल्दी-जल्दी,
ताकि पा सकूँ वो सब जो था मन में।
नहीं पता था तब कि बड़े होना नहीं आसान –
या कितनी ही कठिनाइयाँ हैं जीवन में...

आज बड़े होकर, तलाशती हूँ
वो बचपन फिर से एक बार.
जहाँ था बेफ़िक्र जीना, खेलना, हँसना, गाना...
और थी खिलखिलाते मौसम की बहार।

काश मिल जाए फिर से एक बार वो जीवन –
फिर खिल जाए एक बार दूसरा बचपन।

ख़याल और जज़्बात

जब मन के कोने खुलते हैं,
तो ख़यालों के पंख निकलते हैं।
हर सोच में इक स्पर्श छुपा,
हर इक बात में अर्थ पलते हैं।

कभी जो दिल की थाह लो,
तो जज़्बातों की धुन सुनाई दे।
हर साँस में इक गीत बसा है,
और ख़यालों की सरगम गुनगुनाई दे।

मगर जग ने क्या खेल रचा,
हर शायर को दुख का नाम दिया।
जो सोच में खोया बैठा था,
उसे आशिक़ी का इल्ज़ाम दिया।

क्यों समझ न पाया ये जग,
कि दोनों का है मेल बड़ा।
जैसे दीप में बाती और तेल,
वैसे ही मन में प्रीत बसा।

ख़याल बिन जज़्बात अधूरे,
और जज़्बात बिना ख़याल के।
ये दोनों इक ही धड़कन हैं,
एक ही सुर हैं दो राग के।

तो ऐ जग, अब तू ये जान,
ना बाँट इश्क़ और सोच के नाम।
हर जज़्बात में एक विचार है,
और हर विचार में छुपा कोई जज़्बाती पैग़ाम।

तबाही का हुनर

जिनके हुज़ूर में खुद को तबाह करने का हुनर रखते हैं हम,
उनका दावा है कि मोहब्बत नहीं।

अपनी हसरत-ए-गुस्ताख़ियों को यूं ही बढ़ने दें या रोक लें,
क्या दवा है कि ये क़यामत का सबब नहीं?

हमने चाहा उन्हें अपनी हर सांस में बसाना,
पर वो देखते रहे दूर से लुटाते हुए हमें।
उफ़्! संगदिल सनम का वो बेदिल सा मुस्कुराना।

चांदनी सी रोशन हो कि भी हम,
काली अंधेरी रात सी बदनाम हैं।
हम उनसे जुड़े हर एक शाम हैं,
फिर भी उनके ख्वाबों में नहीं हमारा कोई नाम।

हाय! हमारे दर्द पे उनका यूं खुश होना,
और हमारी हालत पे खिलखिलाना।
मोहब्बत की आज़माइश है ये,
या दर्द भरा एक फ़साना।

उसकी चाहत को भरने में,
ख़ाली हो गए हम ख़ुद से ही।
फिर भी उनका दावा है कि –
मोहब्बत नहीं, मोहब्बत नहीं।

बदहवासी

संभाल लो मुझे
इससे पहले कि उलझ जाऊं मैं मायूसी के धागों से।

थाम लो मुझे
खुश होने की हसरत खोने लगी है मेरी पनाहों से।

जवाब बन के आ जाओ,
घिर गई हूं मैं कभी न ख़त्म होने वाले सवालों से।

सुना होगा तुमने मेरे हाल का,
काफ़िर इसे बदहवासी कहते हैं।

तो इत्तेफ़ाक़न मिलो कभी,
ताकि हवाला मिले तुम्हें मेरे इंतज़ार का – मेरी निगाहों से।

मौन की गूंज

बोलते-बोलते थक गए,
फिर भी ना मन का मेल बना।
जो मौन समझे सच्चे प्यार का,
वही जाने अंतरजना।

जग में सबको बोलने की,
वैसे ही भारी तंगी है।
जो चुप बैठे, फिर भी भाव समझे –
वो ही सच्चा संगी है।

शब्द चलें सौ बार, फिर भी
मन के खुलते द्वार नहीं।
मौन बसा जो प्रेम में डूबे,
लग जाए पार वही।

ना वीणा, ना राग कोई,
ना ताल-नाद की कोई आवाज़।
मौन की गूंज में छुपा है,
प्रेमी दिल का –
सब सच्चा राज़।

मेरा अकेलापन —मेरा साथी

मेरा अकेलापन ही मेरा साथी है...

कभी हँसना, नाचना, गुनगुनाना,
तो कभी बिना कुछ किए,
यूँ ही चुप बैठे –
प्रहारों-अनंत को निहारना।

कभी बेफ़िक्र जीना, चहचहाना,
तो कभी जीवन के अभिप्राय को ढूढ़तै हुए,
किसी नई दिशा की खोज में लग जाना।

कभी किसी के कटाक्ष पर रो देना,
कभी किसी के लिए उपहास बन जाना,
तो कभी इन सबसे ऊपर उठकर
जीवन को नए सिरे से सजाना।

एक समय वो आएगा,
जब न रहूँगी अकेली मैं –
प्रेम, परिवार, सखा, सहयोगी –
जब साथ मिलेगा इसका भी।

एक हो साथी जो साथ चले,
जो सुख-दुख का सच्चा भागी हो।
व्यर्थ से अकेलेपन में भी –
उसका साथ होना सुखकारी हो।

एक भाग है जीवन का वो सुख,
जिसका आना अभी बाकी है...
ख़ैर तब तक,
मेरा अकेलापन ही मेरा साथी है...

आत्मसम्मान

जिसकी कविता की पंक्तियों को
पिरोना था पूरा जीवन,
ना मिली पनाह उन पंक्तियों में,
ना रही आस – उससे हो मिलन।

यूं जली दास्तान बन छोड़ी गई,
जैसे मोल न हो कोई शब्दों का,
जैसे दिखा न हो मेरा ये दुख,
और पढ़ा न हो मेरा ये मन।

तिरस्कृत – भीतर से जलती रही,
पर कुचल सकू नँ स्वाभिमान।
ना बनूं लिखावट झूठे वादों की,
क्यों सहूं किसी से भी अपमान?

ख़ुद में एक पूरा राग हूँ मैं,
एक पूर्णार्थ हूँ कौशल का।
अब निर्भरता की चाह नहीं –
मुझे प्यारा मेरा आत्मसम्मान।

अतीत में जीती हूँ

तुम कहते हो
"तू अब भी बीते कल में जीती है..."

हाँ, मैं जीती हूँ...
क्योंकि वही कल
मेरी धड़कन बन गया है।

कल ही तो था वो मेरी बाँहों में,
शांति से नींदों में गुम था, जैसे समय थम गया हो,
मैं देखती रही उसे, बस देखती रही
क्योंकि वो पल... बस हमारा था,
वो लम्हा हमारा था... हाँ, बस हमारा था...

कल ही तो उसने सीने से लगा लिया था,
इतना क़रीब, जैसे वो मुझे कभी खोना ही न चाहता हो
और कहा – "मत जाना कहीं..."
उसकी वो थामती साँसें,
अब भी गूंजे मन में कहीं...

क्योंकि कल – वो मेरा था।

कल की वो आख़िरी नज़दीकी,
वो आख़िरी चुम्बन,
वो आख़िरी आलिंगन,
सब कुछ दे गया मुझे एक उम्र भर का जीवन......

अगर यही है जीना मेरे लिए,
तो फिर मुझे जीने दो...
मेरे उस कल में ही रहने दो...

हाँ, मैं अतीत में जीती हूँ...
क्योंकि कल... वो मेरा था...

सोच कि सीमा पार

तुम सोच भी नहीं सकते–
कि हम तुम्हें कितना सोचते हैं।

हर ढलती हुई चाँदनी में,
तुम सा सुकूँ–
और हर उगते हुए सूरज में,
तुम सी तपिश पाने की चाह...

मेरे बदन को छूती हवा में,
तुम्हारे होने का एहसास
और हर गुजरते हुए लम्हे में,
तुम्हारी आहट की तलाश।

हर लम्हा, हर वक्त, हर पहर–
सिर्फ तुम्हें ढूढ़ते हैं।
तुम सोच भी नहीं सकते–
कि हम तुम्हें कितना सोचते हैं।

एक सपना – और तुम

जिस कंधे पे सिर रख के सोती थी मैं,
जब वापस खींचे तुमने वो बाँहें,
तो सिहर गई मैं... सिहर गई तुम्हारे ना होने से।

पर वो सपना था –
तुम्हारा ना होना एक सपना था –
फिर भी जाग गई मैं रोने से।

कभी सोचूं, गर तुम सच में न रहे तो क्या होगा...
तुम्हारे बिन ये दिल फिर से तन्हा होगा।
उस एक पल की झपकी ने ऐसा डराया,
कि अब डर लगता है फिर से सोने से।

कि चाह कर भी अब नहीं कह सकती,
कि आ जाओ करीब,
कि कुछ पल बैठो पास मेरे...
इतना डर गई हूँ मैं –
हर बार तुम्हें पाकर,
फिर खोने से।

स्कूल की अंतिम स्मृति

क्लास की वो आख़िरी घंटी,
थोड़ी शरारत, थोड़ी मस्ती।
हँसी के बीच कुछ चुप्पियाँ,
जिनमें बिछड़ने की खबर थी।

हर कोने में एक याद बसी,
जितना सोचो, उतने जज़्बात।
खाली बेंचें, खाली बोर्ड,
पर मन में थी कितनी ही बात।

क्लास की वो फुसफुसाहटें,
कभी टीचर से डाँट भी साझा की।
"बोर्ड एग्ज़ाम है!" सुनते ही,
सबने साथ-साथ ही साँसें ली।

लंचबॉक्स तो बहाना था,
असल भूख थी साथ खाने की।
कभी आधी रोटी, कभी पूरा दिल,
हमने बातों में बाँट दी।

आज कुछ नाम धुँधले से हैं,
शहर भी सबके बदल गए।
पर उन हँसियों की गूंज अभी भी,
दिल के भीतर ही चल रहे।

वक़्त बिता, दिन बदले,
सब खो गए जीवन जीने में।
पर वो दोस्त...
वो बातें...
वो शरारतें...
अब भी ज़िंदा हैं –
दिल के किसी कोने में।